VILLIEZ,

DE NANCY,

RECEVEUR GÉNÉRAL

DES CONTRIBUTIONS

DU DÉPARTEMENT DE LA MEURTHE

et Membre de la ci-devant Commission du Palatinat.

A SES CONCITOYENS.

Il est un monstre affreux, né de la perfidie,
Cruel en ses excès, et calme en sa furie.
Ses traits défigurés sont cachés sous le fard,
Son souffle est vénimeux, sa langue est un poignard.
La trahison l'arma de ses noirs artifices ;
Il fut par Thisiphone endurci dans les vices.
Il respire le meurtre, il blesse en caressant ;
Il défend le coupable, il poursuit l'innocent.
De ses traits empestés, l'atteinte est incurable :
L'affreuse Calomnie est son nom redoutable.
Craignez d'être surpris par ce monstre trompeur,
Fuyez de ses complots la cruelle noirceur.
Penchez vers l'accusé, tâchez de le défendre,
Et ne jugez personne avant que de l'entendre.

ENCYCLOPÉDIE.

Né au milieu de vous, j'y porte un nom
trop justement considéré ; je suis moi-même trop

jaloux de l'estime publique, pour souffrir qu'il soit porté la moindre atteinte à l'honorable opinion qui l'accompagna toujours.

Mes pères ont, sous vos yeux et pendant de longues années, pratiqué toutes les vertus qui fondent les Républiques. Si je n'ai pas parcouru la carrière commerciale qu'ils semblaient m'avoir si naturellement ouverte, je fus à cet égard plus plaint que blâmé par ceux qui furent dans le cas d'apprécier les circonstances dans lesquelles je me suis trouvé. Mais si je négligeai ma fortune, au moins j'héritai des sentimens, des opinions qu'ils avaient toujours professés ; ils m'ont transmis une ame brûlante d'amour pour mes semblables , d'attachement pour la cause du Peuple, dont ils s'honorèrent toujours, ainsi que moi, de faire partie.

La révolution comblait naturellement tous mes vœux : je m'y livrai avec un sentiment, une bonne foi qui, en m'honorant à mes propres yeux, ne servîrent pas moins de prétexte à la malveillance et à la sottise, pour décrier, pour essayer de perdre un homme dont le seul crime fut d'avoir constamment marché vers le but que nous avons atteint.

Sans doute assez fort de ma conscience, satisfait de voir le triomphe de la liberté, fier d'y avoir concouru autant qu'il avait été en moi, je serais rentré dans l'obscurité profonde dont

Villiez de Nancy
receveur général
des contributions a fes
concitoyens
Nancy

il est ennemi de la cour. p. 6.
sa commission. [...] 12.
il est administrateur du departement
de la meurthe. p. 15.
commission du palatinat presideé
par rené le grand. p. 14. p. 17.

mollevaut, perrin, colombel prennent
parti de villiez. p. 18.
mallarmé. id. p. 19
moniteur seance du 8 mesidor
an 7 — p. 18.
autre mission a tresles. p. 21.
contre les anglais — Carthage sera
detruite. p. 24.
discours contre les rois, les prêtres
les moines. 30. 31.
representant qui a contribué au 18
fidor. v. 14

noms des commissaires
p. 17.
rapport fait contre la
commission a la convention
nationale p. 18.
le rapporteur a été depuis
membre du conseil des
anciens. p. 17.

représentant du peuple
envoyé a Landau, qui
sollicite des dénonciations
contre les commissaires. p. 16.

je ne désirai jamais sortir ; j'aurais gardé sur moi-même un profond silence ; mais j'avais été compromis dans une affaire éclatante. J'avais été un des chefs de la Commission du Palatinat, si indignement calomniée, si horriblement persécutée ; mais honoré de la confiance du Gouvernement, chargé, dans mon Département, de fonctions importantes, au milieu de ceux qui m'ont vu naître, je me dois à moi-même, je crois nécessaire de me montrer à tous tel que je fus, tel que je suis, tel enfin que je serai toujours.

Si, en parlant de ce qui m'est personnel, je trace une esquisse de la marche de la révolution ; si je rappelle quelques époques, quelques circonstances des évènemens qui se sont passés au milieu de nous, je le dois, afin que chacun puisse apprécier la part que j'ai dû y prendre ainsi que tous les bons Français ; je pourrais dire, sans doute, de grandes vérités, mais j'en tairai quelques-unes. Je suis loin d'avoir la pensée de rappeler des souvenirs douloureux, de réveiller des haines, des passions que je désirai toujours voir s'éteindre au milieu de nous. Si tant de bons Citoyens ont, ainsi que moi, failli devenir victimes de leur zèle civique, de leurs efforts pour servir la plus belle, la plus juste des causes ; si la calomnie, ce monstre dévorant, qui a répandu la désolation et le malheur sur

tous les points de la France. nous a tous poursuivis avec audace : il est bien permis une fois
de cesser de le mépriser pour le combattre.

Puissent nos ennemis communs, abjurant
enfin leur injuste haine, désirer, provoquer
même un rapprochement si nécessaire pour assurer le bonheur de tous! Jamais les amis de la
République n'en furent éloignés, et je me pré-
sentai toujours moi-même au-devant.

Elle était prévue. depuis long-temps, annoncée
par les philosophes les plus célèbres. cette révolution qui a changé la face de la France, qui
a préparé à la Nation française les brillantes
destinées dont le prélude fait déjà l'étonnement
et l'admiration de tous les Peuples. La lutte
avait commencé en 1788, les pouvoirs établis
s'entre - choquèrent, le Peuple s'apperçut de sa
force, il secoua fièrement ses fers , les brisa
avec violence, il en frappa ses tyrans, il s'élança
vers la liberté.

Tout ce qui existait d'hommes éclairés, sensibles, généreux. se prononcèrent pour sa cause ;
dans la capitale le choc fut terrible ; sur quelques
points le sang coula. il y eut des excès commis.

Le peuple profondément indigné de ses longs
malheurs, des outrages dont il fut si long-temps
abreuvé, voulait d'abord, en se vengeant. détruire d'un seul coup tous ses ennemis qu'il
connaissait bien ; mais tous les patriotes probes

se jettèrent en avant ; tout en l'éclairant sur ses droits, ils lui parlèrent de ses devoirs ; par-tout ils prêchèrent, avec une constante énergie , le respect dû aux personnes et aux propriétés ; et par un sentiment d'humanité, de générosité , ils protégèrent leurs ennemis , tous les fauteurs du pouvoir arbitraire. Plus d'une fois ils les arrachèrent aux plus imminens dangers.

Telle fut, spécialement à Nancy , la conduite d'un petit nombre de citoyens , qui s'étaient prononcés fortement, dès les premiers momens de la révolution , et au nombre desquels je fus compté.

Pendant plus de deux années nous luttâmes seuls contre tous, au milieu de la défaveur générale ; je ne rappelerai pas toutes les trâmes qui furent ourdies contre nous , toutes les absurdités qui furent répandues sur notre compte ; je tairai les dangers auxquels nous fûmes si souvent exposés. Forts de la justice de notre cause , fiers de nos principes et de nos intentions, nous résistâmes à tout, et peut-être le point sur lequel nous nous trouvâmes placés , était-il le seul qui rassemblait autant d'ennemis de la liberté , capables par leurs fortunes , leurs talens, leur crédit, de présenter une résistance vraiment redoutable. Aussi la lutte fut - elle quelquefois violente ; heureusement nos ennemis manquèrent de courage, le glaive exterminateur plus d'une fois leur échappa des mains , au moment où ils allaient nous en frapper.

Tel était l'état des choses , lorsqu'une cour avilie, corrompue, joignant la plus noire perfidie , à la plus infâme trahison , feignit d'accepter la Constitution de 1791. Nous crûmes franchement alors avoir beaucoup gagné ; nous n'osions espérer encore, quoique nous le désirions , l'établissement de la République ; la royauté était un chêne antique , qui par ses profondes racines tenait trop fortement au sol.

Nous avions obtenu l'heureux redressement des griefs qui nous avait tenu tant à cœur ; remplis de bonne foi, nous désirions le rapprochement de toutes les opinions , l'oubli réciproque des violences inévitables , des injures qui avaient accompagnées les premiers momens de la révolution et qui avaient pu diviser ou aigrir les Citoyens ; nous fûmes jusqu'à rappeler publiquement, et avec une franchise digne d'un meilleur succès, les émigrés qu'une cour infâme feignait de rappeler elle-même , quand réellement elle provoquait à l'émigration les mécontens dont elle s'efforçait d'augmenter le nombre , par tous les moyens qu'inventa la plus vile corruption.

Les bandes de rebelles se formaient sous les drapeaux de Condé, sous nos yeux, avec une audace inconcevable ; de lâches plébéiens cédant au mouvement d'un ridicule orgueil , à l'appât d'un vil intérêt , ne rougirent pas de se prononcer contre leur propre cause, de se jetter dans le parti de l'opposition..... C'est ici que je tairai des vérités trop affligeantes ; elles furent la principale cause des malheurs de la France.

Que les esclaves des rois , que ceux que d'antiques préjugés avaient placés au-dessus du peuple, aient supporté avec peine l'humiliation d'une chûte éclatante , cela s'explique ; tant qu'ils ne firent que s'en plaindre , on dut user envers eux de quelqu'indulgence ; mais du moment où ils ont armé leurs bras parricides contre leur patrie , qu'ils firent ameuter contre le peuple français tous les rois de l'Europe ; alors dut se déployer toute l'énergie des amis de la liberté.

La Nation entière indignée prit l'attitude qui lui convenait ; elle lutta seule contre tous ; seule elle les a tous vaincus ; la Municipalité de Nancy, dont je faisais partie , développa avec chaleur ses sentimens, elle sut échauffer le civisme de ses Concitoyens.

La frontière où nous nous trouvâmes placés, fut un des points le plus violemment attaqué : c'était la grande route de l'émigration ; les bandes de Condé se formaient à nos portes , les émigrés ne cessèrent d'avoir au milieu de nous des intelligences suivies , importantes , long-temps dangereuses.

Les troupes les plus redoutables de l'Allemagne devaient les ramener triomphans dans leur patrie, qu'ils avaient résolu de couvrir de tombeaux, de replonger sous le régime féodal et despotique ; c'était aux principes que nous avions reconquis, aux vérités que nous professions, qu'ils faisaient la guerre. Tous les amis de la cause populaire, tous ceux qui avaient quelques moyens de la faire valoir, devinrent l'objet de la haine des mécontens ; trop lâches pour les attaquer corps à corps, trop coupables pour lutter ouvertement, ils eurent constamment recours à l'arme de la faiblesse contre la force, de l'erreur contre la vérité, du crime contre la vertu : la trahison, la calomnie.

Nos généreux défenseurs eux-mêmes ne furent que trop souvent victimes de leur noble courage. Guidés si souvent par des généraux perfides ou ineptes, que des ennemis secrets avaient chargés de les conduire à la mort.

Désespérant enfin de nous vaincre par la force des armes, ils combinent savamment un plan de désorganisation générale ; la cause de la liberté était trop belle, trop bien défendue ; ils résolurent de la rendre hideuse, de la déshonorer.

Ce fut à cette époque qu'ils lancèrent sur l'arène révolutionnaire des hommes atroces, sanguinaires, qui exagérèrent tout, qui exaspérant les passions de la multitude, la conduisirent à des excès si contraires à son bonheur.

Depuis long-temps l'art funeste de Bazile se professait avec une publicité et un succès bien inquiétant pour les sincères amis de la liberté. C'était contr'eux que se dirigeaient, avec beaucoup d'astuce les efforts combinés de ses nombreux disciples, disséminés sur tous les points, guidés par des maîtres habiles et souvent inconnus, ils parvinrent, avec assez de facilité, à rendre odieux ou suspects au peuple lui-même, ses plus généreux défenseurs.

Je ne prétends pas faire ici l'histoire de la révolution ; mais les vérités que je trace ne seront méconnues par aucun homme de bonne foi; et j'aborde ce qui m'est personnel.

Quelquefois investi de la confiance publique, je m'efforçai toujours de la justifier ; constamment étranger à tous les partis, je ne formai jamais d'autre vœu, que pour le triomphe, la gloire de ma patrie, le bonheur de mes concitoyens, établis sur un gouvernement juste et libre : tel fut sans cesse l'objet de mes efforts.

Cependant je n'ai cessé d'être en butte aux plus absurdes calomnies ; les persécutions éclatantes que j'ai essuyées, ont alimenté la haine des uns, la malignité des autres ; jaloux de l'estime de tous, je dois leur prouver que je la méritai toujours.

Mon zèle avait été apperçu des Représentans du Peuple en mission près des armées et des généraux, lorsque l'ennemi forçant les lignes de Weissembourg s'avança jusques Saverne, aux portes de notre Département. Le danger était imminent, l'armée découragée, en but aux premiers besoins, notre ennemi maître d'une partie de notre territoire et de nos ressources; telle était notre position, lorsqu'un grand nombre d'Administrateurs du Département, dont je faisais alors partie, se disséminèrent sur tous les points de son territoire, pour hâter le versement des secours dont l'armée avait si grand besoin. Je fus envoyé au District de Sarrebourg; puissamment secondé par son Administration très-civique, nous fûmes assez heureux pour rendre alors d'importans services ; tous mes collègues agirent par-tout de même, l'ennemi dut comprendre que nos administrés n'étaient pas disposés à le recevoir sans le combattre; notre armée rassurée, appuyée sur ses derrières, se réorganisa et notre pays fut sauvé.

Cela n'empêcha pas que destitués tous, par arrêté de *St.-Just* et *Lebas*, partie de nous traînée dans les prisons de Paris, nous n'échappâmes que par un prodige à une mort infâme.

L'ennemi, après des efforts incroyables, fut repoussé; quelque temps après mon retour dans mes foyers, Landau fut débloqué, et nos armées entrèrent triomphantes dans le Palatinat.

J'étais donc tranquille dans mon humble retraite à Jarville, où je m'étais établi depuis quelque temps, lorsque je reçois par une dépêche extraordinaire des Représentans du Peuple près les armées du Rhin et de la Moselle, la réquisition impérieuse de me rendre sur-le-champ à Landau, (*Voyez la pièce* N.º 1.) avec mon concitoyen Vaquier, pour faire partie d'une Commission créée par eux pour évacuer le pays conquis, et faire exister l'armée de ses propres ressources.

J'y arrivai le 20 Pluviôse an 2 ; je trouvai la Commission déjà organisée : elle était composée de plusieurs fonctionnaires publics, appelés comme moi des Départemens frontières, et de plusieurs braves militaires. Elle était présidée par le Citoyen René Legrand, ancien avocat au parlement de Paris, Administrateur de cette Commune en 1789 ; homme de mérite, il était l'ame de cette Commission, il en dirigeait tous les mouvemens avec une habileté et un succès dont il a le droit d'être fier.

Depuis le déblocus de Landau, depuis l'entrée triomphante de nos armées dans le Palatinat, jusques l'époque de l'organisation de la Commission dont j'ai fait partie, le pays avait été évacué militairement ; il était bien impossible d'avoir mis de l'ordre dans cette opération, au milieu de l'ivresse de la victoire, du tumulte des armes.

L'objet important que devait donc remplir la Commission, était d'économiser les ressources que présentait encore la partie du pays conquis, occupé par nos troupes en avant de Landau ; cette clef de la République avait été cernée plus de six mois ; ses approvisionnemens étaient épuisés ; les Départemens frontières avaient à peine suffi aux réquisitions de tout genre dont ils avaient été surchargés ; ils étaient menacés eux-mêmes des horreurs de la famine.

La partie des Départemens du Rhin et de la Moselle qu'avait occupé l'ennemi, avait été totalement dévastée ; il y avait enlevé tout, jusqu'aux hommes. (*Voyez le Moniteur*, *séance du 19 Nivôse an 2*, *Discours de Merlin de Thionville.*)

La Convention nationale, ses comités de Gouvernement ordonnèrent d'user de représailles ; nous reçûmes des ordres d'une sévérité extrême, nous devions les faire exécuter sur notre responsabilité ; on sait alors si c'était un vain fantôme.

Le sort de l'armée, celui de notre pays était peut-être attaché au succès de notre mission.

Je me livrai donc pendant près de cinq mois, avec mes collègues, aux travaux les plus rebutans, au milieu de mille dangers, de la défaveur générale ; en butte à tous les genres de malveillance, nous fîmes pour notre patrie ce qu'aucun de nous n'aurait certes pas fait pour

lui-même; nous bravâmes tout, nous ne calcu-
lâmes rien, nous travaillions à sauver notre
brave armée, notre pays ; on peut beaucoup
souffrir pour des intérêts aussi majeurs, aussi
chers !

Nous procurâmes donc à l'armée, à la République, des ressources immenses, qui sans nous
eussent été perdues pour elle; elles assurèrent
long-temps notre position en avant de Landau,
qui serait infailliblement tombée au pouvoir de
l'ennemi, si le manque de subsistance eût forcé
l'armée à rétrograder ; qu'on calcule, si on l'ose,
le résultat d'une retraite prématurée, dans le
moment où la France attaquée sur tous les points,
voyait une partie de ses frontières du Nord en-
vahie, ses côtes maritimes menacées, la guerre
civile la plus cruelle allumée sur plusieurs points.

Que seriez-vous devenue, ô ma chère patrie,
si nos braves armées n'avaient sans cesse
résisté à tous les genres de perfidie, qu'on
savait aussi employer au milieu d'elles pour les
désorganiser, et détruire ce feu sublime qui a
constamment fixé la victoire sous leurs drapeaux,
assuré le salut et la gloire de la grande nation ?

Déjà la main puissante de la vérité soulève
le voile ; bientôt celle de l'histoire, devenue
plus hardie, tracera en caractères de flamme,
les perfidies des uns, les honorables malheurs
des autres : elle rendra justice à tous.

Il en est un que vous avez vu dans nos murs, dont le nom ne se prononce qu'avec défaveur; un jour on oubliera quelques erreurs qu'on lui fit peut-être commettre, pour lui décerner le juste tribut d'éloges que mérite sa conduite héroïque aux armées, où il sut donner l'exemple d'un grand courage, d'une fermeté qui a failli le conduire à l'échafaud, mais qui a servi à renverser les sinistres projets des traîtres, pour lesquels le 18 Fructidor fut la roche Tarpéïenne.

Que seriez-vous devenu, peuple des campagnes et des villes, si, des hommes vraiment courageux, semblables à des rochers battus sans cesse par des vagues écumantes, n'eussent, bravant tous les périls, résisté à tant d'orages, défendu votre cause, soutenu vos intérêts, marché d'un pas assuré vers le but glorieux que nous avons atteint.

La Commission du Palatinat avait terminé ses travaux en Prairial an 2. Le C.en Legrand, qui l'avait présidé, se chargea de présenter les comptes de ses opérations ; il fit son travail et le déposa avec toutes les pièces à l'appui, dans les bureaux de l'ancienne Commission de Commerce et Approvisionnemens de la République, Autorité compétente et indiquée pour les apurer.

Tous les membres de cette Commission reprirent chacun leurs premières fonctions, ou regagnèrent leurs foyers. Je vins reprendre ma place d'Administrateur du Département de la Meurthe, à laquelle j'avais été de nouveau appelé, en mon absence, à mon insu.

Je m'efforçai à mon nouveau poste, de répondre à la confiance dont j'étais encore honoré. Si j'ai, ainsi que tant d'autres bons Citoyens, rempli des fonctions publiques dans ces temps d'orage, ceux qui sont assez injustes pour en faire le prétexte de leur déclamation haineuse , sont pour la plupart des ingrats, de vils calomniateurs ; un de mes chagrins, c'est d'en avoir rencontré parmi ceux que j'avais toujours dû croire mes amis.

Je jouissais de la douce satisfaction d'avoir contribué à sauver mon pays.

Je ne m'attendais pas, non plus que mes anciens collègues, que, plus d'une année après , nous serions arbitrairement arrêtés , accusés avec éclat dans le sein de la Convention nationale , à la face de l'univers , poursuivis dans nos personnes, dans nos biens, dans notre bonne renommée.

Je l'ai déjà dit, nous avions bravé à l'armée même la défaveur générale, qu'avaient provoqué contre nous , des hommes sans doute vendus à l'étranger; nous y avions aussi dérangé bien des jouissances , froissé bien des intérêts, nous devions y avoir bien des détracteurs , la nature même des fonctions que nous avions eu à remplir, pouvait nous rendre odieux et aux malheureux peuples qui en étaient les victimes, et à nos guerriers eux-mêmes, qui, généreux autant que braves, n'appréciaient pas toujours la nécessité si impérieuse de ménager à l'armée et à la République des ressources qui ont tant contribué à assurer nos succès ; mais les Représentans du Peuple, témoins constans de nos efforts, nous donnèrent sans cesse des témoignages d'estime qui nous auraient assuré la justice qui nous était dûe, si plusieurs d'entre ceux qui avaient rendu de si grands services, ne fussent devenus aussi les victimes de leur courageux dévouement.

Nous savions très-bien que nous étions sourdement menacés ; nous savions que des hommes puissans n'attendaient que l'occasion de nous perdre. Plusieurs fois déjà ils l'avaient tenté, et nous attendions leurs attaques dans le calme et la sécurité de l'innocence.

Ils crurent l'avoir rencontrée cette occasion au moment où un Représentant du Peuple fut envoyé à Landau, pour y répandre des bienfaits, réparer les malheurs qui avait occasionné l'explosion de l'arsenal ; la trâme fut assez grossièrement ourdie.

Ce Représentant parcourut lui-même toutes les Communes du Palatinat. De son propre aveu, il sollicita chez un peuple vaincu, dépouillé, mécontent, des dénonciations contre des Commissaires

missaires français qui n'avaient fait qu'obéir aux ordres de l'autorité, dont lui - même faisait partie.

Sans avoir daigné nous entendre, il nous fait tous arrêter avec éclat, et conduire dans des cachots ; il fait apposer les scellés sur nos effets. On jugera de notre indignation, lorsqu'on saura que jamais nous n'avions eu d'autre inquiétude, que d'être recherchés pour n'avoir pas exécuté, avec toute la sévérité prescrite, les dispositions de l'arrêté du Comité de Salut public, du 5 Pluviôse an 2, nous en avions été plus d'une fois menacés.

Le Président de la malheureuse Commission avait sur-le-champ adressé depuis Bourbonne une lettre à ce Représentant ; elle était sans réplique : elle fut publiée le même jour ; mais notre perte avait été jurée. Il fit à la Convention Nationale un long et volumineux rapport de cette affaire. Il mit à nous poursuivre un acharnement...... Mais il est encore membre du Conseil des Anciens ; j'ai trop de respect pour le sénat dont il fait partie, je lui fais le sacrifice de mes justes ressentimens. Cette volumineuse diatribe fut imprimée aux frais de la nation, distribuée avec une profusion trop affectée.

Le Citoyen Legrand avait pris l'engagement public de plaider la cause de ses malheureux

B

Collégues en défendant la sienne, il se rendit à Paris, où il n'invoqua pas envain la justice de la Convention nationale ; plusieurs Représentans estimables examinèrent sérieusement cette affaire, et reconnûrent que leur collégue, sans doute trompé, avait tout dit, hors la vérité. Les Représentans *Mollevaut*, *Perrin* (des Vosges), *Colombel* (de la Meurthe), et plusieurs autres prirent hautement notre défense. (*Moniteur, séance du 8 Messidor, an 3.*) Nous avions demandé par une pétition et un mémoire rendu public dans le temps, que notre conduite morale, politique, et notre comptabilité soient examinées avec sévérité. La Convention nationale, par son décret du même jour, renvoya cette affaire au Comité de Salut public, qui chargea, par son Arrêté du 6 Thermidor suivant, l'ancienne Commission de Commerce et Approvisionnemens de la République, déjà nantie des pièces, de l'examiner, de lui en rendre compte, et se réserva de statuer définitivement.

Cette Commission, chargée pour elle-même d'une comptabilité immense, ne put de long-temps s'occuper de nous. Je ne cessai depuis cette époque d'invoquer pour mon compte, près de ces Commissaires, du Directoire exécutif, du Ministre des Finances, la justice sévère, mais prompte, qui nous était due ; et ne calculant ni le temps ni les circonstances, j'ai constamment

tenu à ces diverses autorités un langage digne
d'un Républicain.

Enfin la Commission de Commerce, par ordre
du Directoire exécutif, avait présenté son rapport le 12 Germinal dernier : il est assez volumineux, il est bien honorable pour nous. Je me
bornerai à retracer ici les principales dispositions de son résumé. (*Voyez la pièce*, N°. 3.)
Notre concitoyen *Mallarmé*, qui a pris la peine
d'examiner et de suivre cette affaire, m'écrivit à
cet égard nombre de lettres trop flatteuses ; le
Commissaire Picquet, lui - même, dont le nom
commande la vénération, me donna également
des témoignages éclatans de son estime.

Les bornes de cet écrit ne me permettent.
pas de rendre toutes ces pièces publiques ; je
ferai seulement connaître ma dernière pétition
au Ministre des Finances, du 9 Thermidor an 5.
(*Voyez la pièce* N.° 4.)

Le Ministre des Finances devait donc faire
un nouveau rapport au Directoire. Le Citoyen
René Legrand et moi, nous le sollicitions
vivement de terminer cette trop malheureuse
affaire, qui depuis quatre années nous avait
occasionné tant de chagrins. Enfin je fus me
réunir à Paris à mon ancien collègue ; nous de-
mandâmes, et nous avons obtenu qu'un nouvel

examen serait fait dans les bureaux du Ministre. La conviction de notre profonde innocence passa dans l'ame des chefs de bureaux qui en furent chargés ; elle passa dans celle du Ministre lui-même , qui présenta au Directoire exécutif son rapport , le 1.er Nivôse dernier , et qui prit, le 5 du même mois , l'arrêté définitif qu'on a vu dans les papiers publics et qu'on trouvera ici (*Voyez la pièce* N.º 5.)

NON, PEUPLES du Palatinat, qui êtes devenus nos frères , nous ne sommes pas des hommes tels qu'on s'est efforcé de nous peindre à vos yeux , tels que vous avez cru nous voir, lorsque nous fûmes chargés de faire enlever vos proprié-tés ; vous fûtes sans doute bien maltraités , vos malheurs ont été longs et terribles.

Mais quoiqu'il vous en ait coûté , pouvez-vous payer trop cher le bonheur d'être réunis à la République Française, de faire partie de la GRANDE NATION ? . . . . . Qui osera désormais violer votre territoire , troubler votre tranquillité ?

Je me félicite de vous avoir prédit votre destinée au milieu de vos Villes ; et quoiqu'on ait pu en dire, j'ai, ainsi que plusieurs de mes anciens collègues, le droit de m'honorer d'avoir, non sans péril pour nous, modéré l'exécution des ordres terribles dont nous fûmes chargés.

Bien résolu de rentrer dans une obscurité pro-fonde, je ne désirais que d'y jouir , avec une heureuse médiocrité , de la parfaite sécurité de l'ame ; je l'ai toujours préférée aux jouissances de l'orgueil et de la fortune. Le seul désir de voir terminer l'affaire du Palatinat m'avait conduit à Paris.

La place de Receveur-général du Département de la Meurthe devint vacante ; je l'ai obtenue de la confiance du Gouvernement, et non comme une récompense de mes travaux dans la Commission du Palatinat. Je cède volontiers les avantages de cette opération à ceux qui peuvent l'ambitionner , quoique ces travaux ayent été importans et utiles , je ne désire pas une gloire qui a coûté des larmes amères à nos nouveaux concitoyens.

Le Gouvernement a connu mon constant dévouement à la Patrie, à la cause du Peuple ; il a daigné l'utiliser encore , et je ne tromperai pas sa confiance.

J'eus aussi une autre mission dans le pays de Trèves , lors de la conquête de cette partie des pays réunis : j'y avais été encore appelé , ainsi que plusieurs membres de la Commission du Palatinat. Nous eûmes aussi des rigueurs à exercer dans ces contrées, là nous éprouvâmes aussi de grandes injustices , je courus moi-même de grands dangers ; toujours nous nous efforçâmes de faire beaucoup pour nos armées , pour notre pays ; nous n'avons recueilli que des injures et

des persécutions de la part de ceux-mêmes auxquels il serait si facile aujourd'hui d'arracher le
masque ; mais un homme libre ne les nomme
pas , il les méprise.

Au retour de mes diverses missions aux armées,
je n'ai pas été m'isoler loin de ceux qui m'ont
toujours connu, ni dans le silence des campagnes,
et dans le tumulte des grandes villes ; c'est au
milieu de mes Concitoyens que j'ai toujours
continué de vivre ; ils ont pu voir ce que je fus
dans tous les temps , ils pourront me juger à
l'avenir , c'est le jury respectable dont j'invoque
sur moi-même toute la rigueur.

Qu'ils en disent autant , s'ils l'osent, les cent
mille vautours qui ont dévoré le sein de la patrie :
eux peut-être qui furent nos dénonciateurs.

Plusieurs de ceux qui me connaissaient bien , il
est vrai, se mentant à eux-mêmes, m'ont grossièrement calomnié, ont cherché à répandre sur moi de
la défaveur; peut-être le feront-ils encore, les passions ne calculent pas : ce ne peut donc être qu'un
des effets si déplorables de l'esprit de parti. Mais
comme il ne peut exister un homme qui puisse
dire et prouver que je lui ai fait sciemment aucun
mal , je dirai à ceux-là : si c'est le sentiment de vos
pertes ou de quelque infortune qui vous a aigris ;
si la révolution que j'ai servie , vous a froissés ,
j'ai toujours gémi sur les malheurs individuels ;

mais cessons de calculer nos pertes , pour n'apprécier que les dangers de nouvelles convulsions , qu'une résistance combinée à la marche du Gouvernement pourrait nous amener encore.

Aux méchans, à ces hommes haineux, vindicatifs, qui méditèrent sans cesse la ruine de leur patrie, qui haïssent le peuple, pour qui la perte de ses défenseurs, fut toujours une jouissance barbare, qui calculèrent avec un sombre délire les chances favorables à leurs sinistres projets, qui détestent le gouvernement, lors même qu'il sait les arracher à leur propre fureur , avec une sagesse, une clémence si dignes d'être mieux appréciées, je leur dirai, s'il en existait encore parmi nous : nous dûmes vous craindre , mais nous saurons vous enlever le masque perfide dont vous pourriez vous couvrir encore. Si vous êtes assez criminels pour conspirer contre la liberté publique, vous êtes signalés, tremblez, la foudre est dans la main des amis de la République, ne les forcez pas à vous réduire en poudre.

A ceux pour qui il n'existe de vérité que celle qu'enfante leur imagination délirante , un fanatisme absurde ; à ceux qui ont le honteux courage de nier l'évidence, que m'importe leur opinion ; je ne leur parle pas.

O mes chers Concitoyens ! ne pensez pas que j'aie l'intention de récriminer contre aucun de vous ; puisse l'heureuse époque de la paix continentale, devenir aussi celle du retour de la concorde au milieu de nous ! il me sera bien doux de donner l'exemple.

Qui ne voit avec transport le moment heureux, où abjurant nos haines, oubliant même nos dissensions, nous environnerons tous le Gouvernement de notre reconnaissance, de notre estime, de notre confiance ? Fait-il un pas, depuis le 18 Fructidor, qui ne soit dirigé vers la gloire de la patrie et le bonheur public, unique objet de sa sollicitude ? Il ne peut plus avoir pour ennemis que de véritables traîtres ou des insensés.

Nous n'en avons plus qu'un au-dehors à combattre, il est celui de toutes les Nations ; le Gouvernement Anglais veut lutter contre la France. Faisons lui voir encore, du fond de nos Départemens, que l'élément qui semble lui servir de barrière, peut être franchi par nos phalanges victorieuses, que sa résistance aura le même succès que sa perfidie, que c'est la nation entière qui crie vengeance : il est plus d'un Scipion, et Carthage sera détruite.

Mais envain nous aurions triomphé de tous nos ennemis ; envain notre vaillante Nation serait parvenue au plus haut degré de gloire, si profitant de tous nos avantages, nous ne savions mettre à profit les évènemens passés. La République est triomphante au-dehors ; il faut qu'elle le soit au-dedans.

Le mois de Germinal arrive : le moment où la nature va reprendre ses formes sublimes , est celui où la grande Nation va jouir de la plénitude de ses droits politiques , dont la conquête lui coûta tant de sang et de larmes. Qu'il est temps , ô mes chers Concitoyens , de les tarir , de fixer la paix et le bonheur au milieu de nous !

Il me semble que , pour y parvenir , il ne faut appeler aux fonctions publiques que des hommes probes, des amis connus et éclairés de la République. Vous savez bien tous que si on sert avec affection ce qu'on aime , on sert mal ce qu'on déteste ; une lutte entre les uns et les autres ne ferait le bonheur de personne , et ferait le malheur de tous. Les premiers feront exécuter avec une douce fermeté les lois qu'ils chérissent. Vivez paisiblement sous leur égide , vous qui paraissez mécontens du nouvel ordre de choses ; examinez sans prévention nos institutions nouvelles , lisez attentivement notre Constitution que vous ne connaissez peut-être pas , quoique vous la critiquiez avec tant d'amertume ; rougissez de ressembler à ces moines ignorans et fanatiques , qui déclamaient sans cesse contre les immortels écrits des philosophes qu'ils ne savaient pas lire. Peu-àpeu vos plaies se cicatriseront, votre aigreur se dissipera , et nous oublierons tous volontiers quelques égaremens.

Avec quel charme je me livre à l'espoir de voir bientôt notre belle Commune florissante ! Son site heureux , la douceur naturelle de ses habitans , la salubrité de son atmosphère , la beauté , la régularité de ses rues , de ses édifices , qui présentent tant d'avantages aux fêtes républicaines ; tout va attirer au milieu de nous un concours d'étrangers. Puissent-ils, en y apportant leur industrie ,leurs richesses, n'y trouver qu'une famille de frères , une société d'amis !

Quel est l'habitant un peu aisé des pays éloignés , qui ne sera pas curieux de venir visiter la grande Nation ? quel est le philosophe, l'ami de la liberté qui ne viendra pas se transplanter sur son sol protecteur ? quel est donc le Français qui ne sent pas tressaillir tout son être , dont le cœur n'est pas ému d'une douce palpitation, lorsqu'il considère le grand spectacle que notre Nation a donné au monde ? Ne pas éprouver les plus douces sensations , ne pas être fier d'être un de ses Citoyens , c'est avoir une ame de boue.

Ah ! mes chers Concitoyens , encore une fois, que la plus douce harmonie se rétablisse enfin parmi nous, que notre attachement au Gouvernement Républicain , notre zèle pour en adopter les formes, servent de réponse aux reproches qu'on a quelquefois fait à une partie des habitans de Nancy ; la malveillance les a peut-être exagérés ; piquons-nous de servir de modèle à nos voisins, ne rivalisons plus contr'eux , ni entre nous que d'attachement à la patrie , et de dévouement aux principes consacrés par notre Constitution.

Huit années d'expérience seraient-elles perdues pour nous ? Que ceux qui ont servi la révolution de bonne foi , que tous ceux qui par sentiment ou par intérêt, doivent désirer le maintien de l'ordre actuel des choses, cessent de rester divisés pour avoir tenu à telle ou telle nuance d'opinion. S'ils sont les sincères amis de la République , s'ils n'ont point de vues secrètes , d'arrière-pensée , qui les empêcherai de se rallier ? Maintenant qu'il n'y a plus de Gouvernement à établir , mais bien à consolider celui qui existe, qu'ils cessent de se reprocher des torts qui sont peut-être réels , qui ne sont l'ouvrage , ni des uns , ni des autres , mais bien celui de leurs ennemis communs. Qu'ils sachent bien tous qu'il n'y a de salut pour eux que dans l'affermissement du Gouvernement Républicain ; qu'ils se réunissent autour de lui en faisceau, écoutent sa voix bienfaisante , et qu'ils cessent de prêter l'oreille au croassement impur de ses détracteurs.

Si je vous ai occupés un instant de moi ; si je me suis permis , dans cette occasion , de vous exprimer mes vœux les plus chers, c'est l'honneur qui m'en impose le devoir , c'est une sensibilité profonde et le désir de voir la prospérité publique assurée , qui m'ont dicté cet écrit.

VILLIEZ.

PIÈCES.

N.º I.

DÉPÊCHE EXTRAORDINAIRE.

Les Représentans du ·Peuple près les Armées du Rhin et de la Moselle.

Requièrent les Citoyens Villiez et Vacquier, de se transporter sur‑le‑champ près la Commission par eux créée à Landau, pour concourir par leur activité à l'évacuation totale des denrées qui se trouvent encore dans le Palatinat.

Landau, le dix Pluviôse, l'an deuxième de la République, une et indivisible. *Signé* M. Beaudot.

Pour copie conforme à l'original resté au Bureau de la Commission.

René Legrand, *Président de la Commission.*

N.º I I.

Discours prononcé par le Citoyen VILLIEZ, *Membre du Comité Central de Landau, au mois de Ventôse, an* 2, *le jour que l'Agent du Comité de Salut public,* DUMOULIN, *fit brûler sur la Place publique de* NEUFSTADT, *en présence de l'Armée française, des Officiers municipaux, et du Peuple de cette Ville, les jouets du fanatisme et l'image du despote.*

CITOYENS ET MESSIEURS,

LORSQUE nous vous avons invités à venir être les témoins de la destruction publique et solennelle de ce tas de jouets du fanatisme et de la superstion, nous n'avons pas l'intention de vous persuader que les Français veulent démoraliser les peuples, en proscrivant toute idée religieuse. Au contraire, c'est les diriger vers le vrai culte, celui de l'Éternel, que d'arracher le masque à l'hypocrisie de vos prêtres, de vos moines. C'est les engager à apprécier les motifs qui ont successivement fait établir cette foule de cérémonies absurdes et ridicules, enfantées dans des siécles d'ignorance et d'erreurs, propagées par cette classe d'hommes appelés prêtres et moines, qui n'ont adopté un costume particulier et un genre de vie, qui n'a l'apparence de la vertu, que pour en imposer à l'imagination et aux yeux de la foule ignorante et crédule, et jouir, dans le silence et le secret d'une vie indolente et souvent voluptueuse, d'une autorité morale, qui appuyant celle des despotes, perpétue depuis tant de siécles l'esclavage et l'avilissement des nations.

Le Peuple Français, en brisant ses fers honteux, a dù aigrir les rois de l'Europe. Il était tout simple qu'ils craignissent les dangers de l'exemple ; ils s'entendent d'une extrémité à l'autre de la terre pour assurer et perpétuer leur domination et l'avilissement des peuples ; une grande partie de leurs suppôts en France prirent la fuite, vous les avez vus inonder votre pays, vous les avez vus avec leurs vices, leur orgueil, leur haine pour le peuple et les principes qu'il a reconquis; ils ont ameuté des hommes qui se disent les maîtres des nations ; et votre Electeur, auquel les Français avaient d'abord tendu une main amicale, est entré dans la redoutable ligue qui s'est formée contre eux ; leurs satellites réunis ont inondé nos frontières, ils y ont commis des horreurs, ils ont assiégé nos villes, ravagé nos campagnes, voué haine et vengeance, mort et proscription aux amis de la Liberté.

La nation française s'est levée toute entière ; déjà ses vaillantes armées ont repoussé au loin ces troupes d'esclaves qui ont osé se mesurer contre des hommes libres, elles ont envahi votre pays, qui est bien malheureusement pour vous devenu le théâtre de la guerre.

Sans doute les guerres entre les rois avaient leurs lois, leurs usages, ils faisaient s'entre-égorger avec méthode leurs esclaves enrégimentés, qui ne savaient presque jamais, ni pour qui, ni pourquoi ils se battaient, ni le nom de lacourtisanne, qui presque toujours faisait couler leur sang. Mais aujourd'hui les soldats français, savent tous fort bien, que c'est pour la liberté, l'indépendance de leur patrie, pour leur femmes, leurs enfans leurs amis, qu'ils ont les armes à la main ; jugez vous-mêmes, Messieurs, d'après ce tableau fidèle, de quel côté la victoire doit se fixer.

Nos nombreux et injustes ennemis venaient donc nous rapporter des fers honteux. C'est sur des ruines, des cadavres, qu'ils avaient résolu de rétablir leur odieuse domination, ils s'attendaient bien sans doute à la résistance qu'ils rencontrèrent. Mais dans leur rage délirante, ils ont employé tous les moyens qu'inventa la perfidie, la corruption ; ils ont livré notre pays à la dévastation, ils ont enlevé les subsistances et le bétail ; tout, jusqu'aux hommes, a disparu des contrées qu'ils ont parcourues sur cette frontière. (1) La forteresse de Landau qu'ils ont cernée six mois, bombardée avec acharnement, voit ses approvisionnemens épuisés, les Départemens frontières ont tout livré pour nos nombreuses armées, ils sont eux-mêmes en proie aux besoins les plus pressans, et menacés des horreurs de la famine ; le Gouvernement Français doit prendre toutes les mesures qu'il croit bonnes pour sauver la patrie, résister à nos nombreux ennemis, et pour les vaincre ; mais un million de guerriers s'avance de toute part, nos cruels ennemis éprouveront ce que peut une nation puissante qui a juré d'être libre.

Nous avons ordre d'user du droit terrible, mais juste de représailles, de tout faire enlever dans votre pays, de détruire tous les moyens d'existence, que pourrait y rencontrer encore l'ennemi, si les évènemens toujours douteux de la guerre doivent le ramener sous les murs de Landau. Nos pouvoirs sont immenses, nos devoirs sont sacrés, mais bien durs à remplir pour des gens de bien, pour des hommes sensibles, qui voudraient voir toutes les nations heureuses et libres.

Quoique notre devoir nous défende de nous appitoyer

---

[3] Voyez le Moniteur, séance du 19 Nivôse an 2.

sur votre sort, Peuples du Palatinat, nous vous prouve-rons, que nous ne ressemblons pas à vos barbares enne-mis, les Français sont les amis naturels des peuples.

Sans doute nous exécuterons dans votre pays, les mesures qui nous sont prescrites avec zèle et courage, nous servons notre patrie. Nous la défendrons jusqu'à la mort, mais elle n'a pu nous commander d'être inhumains et cruels. Mes collegues proscriront ainsi que moi, toutes les rigueurs qu'ils ne croiront pas nécessaires pour l'existence de l'armée et la sûreté de cette frontière, vos personnes seront respectées.

Cette foule de faux Commissaires, qui sous un nom qu'ils ont usurpé, ont commis des horreurs dans vos cámpagnes, seront réprimés, vous pouvez vous-mêmes faire saisir ceux qui exerceront quelques fonctions de cette nature, sans être revêtus de pouvoirs en bonne forme des Représentans ou de la Commission : les Chefs militaires ont reçu à cet égard des ordres sévères.

Mais, Messieurs, si vous présentez de la résistance dans l'exécution des mesures qui nous sont prescrites, nous vous en prévenons, la force militaire doit nous appuyer ; je vous invite à ne pas nous forcer à recourir à ce terrible moyen.

Vous allez voir aussi réduire en cendre l'image de votre Electeur, il est notre ennemi, il l'a bien voulu.

Lorsque *Custines* chassa au-delà du Rhin l'armée autri-chienne, les français ne commirent chez vous aucun désor-dre, l'argent de la France y coula à grands flots, et lors de sa retraite, les habitans du Palatinat se sont mal con-duits à leur égard sur plusieurs points, ils furent égorgés et la ville de Neufstadt est accusée. Vous étiez des in-grats, mais sans doute c'étoit l'ouvrage des Agens du prince, cet homme sans mœurs et sans courage, jouet tour-à-tour des femmes et des prêtres ; c'est ainsi que

C

ces hommes qui se disent les maîtres des nations, les exposent à devenir les tristes victimes de leurs caprices ou de leurs crimes.

Eh ! que n'est-il possible que tous les habitans de la rive gauche du Rhin m'entourent et me comprennent. Je leur dirais, vous qui habitez le plus beau, le plus riche pays de l'univers, vous qui, pour la plupart, ne fécondez ce sol fertile, que pour enrichir des maitres orgueilleux et insolens, oubliez un instant les maux qui vous accablent ; voyez quelle brillante destinée se prépare pour les Français vos voisins.

Je leur dirais, il ne tient qu'à vous de la partager jamais occasion ne fut plus favorable ; secouez le joug de cette foule de tyranneaux qui vous avilit et vous opprime.

Voyez-vous le Rhin, ce fleuve majestueux vous envelopper de son lit protecteur, la main puissante de la nature, n'a-t-elle pas tracé la limite de la République française ?

Je leur dirais, jetez-vous dans nos bras, que le soc de vos charrues se change en armes, séparez-vous du reste des Germains, et vous etes à jamais libres et heureux ; toutes les prospérités vous sont assurées.

Voyez, leur ajouterais-je, le pays qui m'a vu naitre, la lorraine, tant que ce pays ne fut pas réuni à la France, tant qu'il fut gouverné par des princes particuliers, trop faibles pour résister aux grandes puissances, au milieu desquelles il était enclavé ; pendant combien de siècles ne fut-il pas exposé à devenir la proie ou de l'une ou de l'autre : tel est aussi le sort de vos contrées, et les ruines antiques qui les couvrent encore, attestent cette vérité si affligeante pour vous.

Tels sont, Messieurs, les motifs que j'avais à vous donner sur la cérémonie qui nous rassemble, nous y avons appelé nos braves guerriers pour être les témoins des vœux que nous formons de voir tous les peuples libres et heureux : c'est leur brûlant courage , ce sont leurs terribles bayonnettes , qui assureront le triomphe de la plus belle , de la plus juste des causes.

Quant à moi, Messieurs, il ne me reste qu'un vœu à former, c'est de vous voir un jour indémnisés des pertes que vous faites, consolés des chagrins que nous sommes forcés de vous occasionner ; croyez, je vous le dis du fond de mon cœur, que je préférerais avoir à répandre sur vous des bienfaits, que de faire enlever vos propriétés ; mais je sers mon pays, je dois obéir aux ordres de son Gouvernement, je le ferai avec zèle et courage.

La Commission du Palatinat, après avoir pris lecture du Discours que le Citoyen VILLIEZ, *l'un de ses Membres, se propose de prononcer à l'occasion d'un Autodaphé en présence du Peuple de Neufstadt et de l'Armée ; approuve tous les préceptes que ce Discours renferme et réunira ses efforts à ceux du Citoyen* VILLIEZ, *pour les propager dans ces contrées par ses écrits et par ses actions.*

A LANDAU, le cinq Ventôse, an 2.e de la République.

Signé RENÉ LEGRAND , *Président de la Commission.*

Pour copie conforme ,

V I L L I E Z.

N.º I I I.

ANALYSE du Rapport fait au Directoire exécutif, le 12 Germinal an 5, sur la conduite morale de la ci-devant Commission du Palatinat et les résultats de la vérification des comptes rendus par cette Commission à celle de Commerce et Approvisionnemens de la République.

En conséquence des Arrêtés des 9, 10 et 11 Nivôse an 2.e, pris par les Représentans du Peuple en mission près les armées de Rhin et Moselle, une Commission fut établie pour l'évacuation du Palatinat.

Cette Commission fut chargée d'extraire de ce Pays, tout ce qui s'y trouverait en subsistances, effets, mobiliers transportables, de la levée des Contributions imposées sur ce pays ; et d'employer tous les moyens convenables à la prompte exécution des ordres du Gouvernement qui lui étaient transmis, sous la responsabilité la plus rigoureuse.

Il résulte de l'examen des faits et des pièces, que les Commissaires ont rempli avec succès, au milieu des dangers de toute espèce, une mission pénible et laborieuse;

Qu'il appert par récépissés du Payeur-général de l'armée, qu'ils ont versés dans sa caisse 1,142,000^{tt} en numéraire, provenant seulement des Contributions, et 1,000,000 en assignats ;

Que par différens extraits de compte des Gardes-magasins de Landau, Strasbourg et autres Places, et par procès-verbaux de Commissaires des guerres; on voit qu'il est entré en chevaux, bêtes-à-cornes, cuirs, vins, eau-de-vie, sacs de farine, légumes, métaux divers, etc., pour plus de 50 millions valeur métallique ;

Qu'indépendamment de ces versemens, il est constant que deux armées, fortes de 200,000 hommes, ont consommé dans le Palatinat même, pendant cinq mois une énorme quantité de farine, grains, bestiaux, etc. et en fourrages seulement, 50,000 sacs d'avoine, 218,000 quintaux de foin, et 184,000 quintaux de paille, provenant des réquisitions faites par la Commission ;

Qu'il est certain que dans le cours de 6 mois, elle n'a dépensé que 362,353^{tt} en assignats, dont plus de 250,000^{tt} ont servi à payer les voitures de l'intérieur, mises en réquisition pour le transport de tout ce qui a été envoyé à Landau ;

Que les Commissaires par leurs travaux ont non-seulement préservé les Départemens frontières de la famine en fournissant aux besoins de nos armées sur pays conquis, mais même encore ont fait refluer dans l'intérieur une quantité immense de bestiaux de toute espèce qui ont remplacé ceux que l'ennemi avait enlevé ;

Que les Commissaires ont rempli leur mission, avec un zèle, un désintéressement dignes des plus grands éloges, que la stricte économie a présidé à toutes leurs opérations, et qu'ils n'ont pas même prélevé leurs appointemens sur les fonds qui étaient à leurs dispositions.

En résumant, la Commission de Commerce déclare :

Que les Citoyens René LEGRAND ; VILLIEZ ; MAURE ; MUNIER ; PARMENTIER ; GARNIER ; VAQUIER, DRUOT ; DEVILLARD ; LAURE ; FALGER et MANG ; Président et Membres de cette Commission, ont bien et loyalement rempli leur mission, et en ont rendu un compte général dont l'exactitude a été par elle bien et duement vérifiée, conformément aux dispositions de l'arrêté du Comité de Salut public, du 6 Thermidor an 3.

Signé PIQUET, *ancien Commissaire de la Commission de Commerce chargé de la reddition des comptes.*

Et plus bas, *Signé* DOUCET, *Secrétaire-général de la Commission de Commerce.*

Pour copie conforme,

VILLIEZ.

N.º I V.

COPIE de la Pétition adressée le neuf Ther-
midor an 5, par le Citoyen VILLIEZ, de
Nancy, ancien Administrateur du Département
de la Meurthe, et l'un des Chefs de la ci-devant
Commission du Palatinat, au Ministre des
Finances.

CITOYEN MINISTRE,

LE 12 Germinal dernier, le Directoire exécutif vous
fit le renvoi d'un rapport qui venait de lui être fait
par l'ancienne Commission de Commerce, sur la conduite
politique et morale et la comptabilité de la ci-devant
Commission du Palatinat.

L'importance des services qu'elle a rendus, la fidélité,
le désintéressement, le civisme et le courageux dévouement des Citoyens qui l'a composaient sont démontré
jusqu'à l'évidence ; cependant ils furent accablés d'outrages et de persécutions éclatantes ; depuis plus de
trois années ils attendent dans le calme et le silence de
la sécurité, que d'après l'examen le plus scrupuleux, le
plus sévère de leur conduite, qu'ils ont sans cesse provoqué, le gouvernement acquitte une dette sacrée, la
justice qui leur est due.

Je vous prie, Citoyen Ministre, de hâter cet instant.
Et s'il vous restait encore quelque doute, d'après le vu
du rapport et des pièces qui l'accompagnent, et qui
vous ont été transmises par le Directoire exécutif,
daignez prendre près le Citoyen René Legrand, qui

doit être de retour à Paris, les éclaircissemens que vous pourrez désirer. Ce Citoyen qui a donné des preuves éclatantes et si nombreuses de son attachement aux intérêts de la République, est digne de toute la confiance dont vous pourriez l'honorer ; il eût celle toute entière de ses anciens .et trop malheureux collègues, pour rendre compte de l'importante Mission dont ils avaient été chargés et il répondra à tout.

Daignez, Citoyen Ministre, faire cesser cette lutte cruelle entre l'imposture et la vérité ; depuis long-temps nous eussions pû lui donner de la publicité, prendre pour juges nos amis et nos ennemis dans cette affaire ; mais notre caractère et notre profond respect pour le Gouvernement, nous interdit toute démarche à cet égard qui n'aurait pas obtenu son assentiment.

Nous ne voulons rien arracher, ni à la faveur, nous n'en avons pas besoin, ni par l'importunité, nous avons prouvé notre patience ; mais il serait bien temps que les amis de la Liberté, que ceux qui ont contribué à fouder la République, cessent d'être confondus avec les brigands, qui ont cherché à déshonorer une si belle cause, et d'être victimes de ceux qui voudraient nous la faire perdre. Il est bien temps d'assurer le triomphe des uns et l'impuissance des autres.

Pour copie conforme,

V I L L I E Z.

N.º V.

LIBERTÉ,   ÉGALITÉ.

MINISTÈRE DES FINANCES.

EXTRAIT

DES

REGISTRES

DES DÉLIBÉRATIONS

DU DIRECTOIRE EXÉCUTIF.

Du cinq Nivôse, l'an six de la République française, une et indivisible.

VU le rapport fait à la Convention nationale, le 25 Prairial, an 3.

Vu le décret du 8 Messidor et l'arrêté du Comité de Salut Public, du 6 Thermidor même année.

Vu aussi le rapport du Citoyen Piquet, ancien Commissaire de la Commission de Commerce.

Vu enfin le rapport du Ministre des Finances, en date du premier du courant et toutes les pièces y jointes.

ARRÊTE ce qui suit :

ARTICLE PREMIER.

Il n'y a pas lieu à inculpation contre aucun des Membres

de la ci-devant Commission d'évacuation du Palatinat;
les Citoyens qui la composoient ont exécuté avec zéle
et probité les instructions dont ils étoient chargés.

I I.

Il sera payé par la Trésorerie nationale et sur or-
donnances du Ministre des Finances, aux Membres de
cette Commission, pour leur tenir lieu de traitement
pendant la durée de leur gestion, de frais de voyages
et de tous autres frais et répétitions quelconques rela-
tifs aux opérations de l'évacuation du Palatinat, la
somme de dix-huit mille neuf cent soixante-un francs
treize sols quatre deniers, à répartir de la manière
suivante, etc. etc.

I I I.

Tout particulier connu pour avoir, sans mission ni
pouvoir de la Convention nationale, ou de ses Comités
de gouvernement, exercé, sous quelque dénomination
que ce soit, des réquisitions, imposé des contributions
en or, argent, bijoux, marchandises, subsistances et
autres effets de quelque nature qu'ils puissent être, et
qui n'aura pas justifié d'un versement dans les Caisses
ou dans les Magasins de la République, et rendu ses
comptes, sera recherché et poursuivi suivant la rigueur
des lois.

I V.

Les Membres de la ci-devant Commission du Palatinat
seront tenus, en conséquence, d'indiquer et remettre sans
délai au citoyen Piquet, ci-devant Commissaire de la
Commission de Commerce, toutes les pièces et renseignemens dont ils peuvent avoir connaissance, tendans
à constater lesdites exactions, et en désigner les auteurs.

V.

Ces pièces et renseignemens seront transmis au Ministre des Finances qui donnera les ordres nécessaires pour les poursuites devant les Tribunaux compétens.

V I.

Le Ministre des Finances est chargé de l'exécution du présent arrêté, qui ne sera pas imprimé.

Pour expédition conforme,

Le Président du Directoire exécutif,

Signé, B A R R A S.

Pour le Directoire exécutif,

Le Secrétaire général.

Signé, L A G A R D E.

Pour extrait conforme adressé au Citoyen VILLIEZ, le 15 Pluviôse an 6.

Le Ministre des Finances,

Signé, D. V. R A M E L.

Le Secrétaire principal.

Signé, D U P R É.

A N A N C Y,

Chez GUIVARD, Imprimeur, Place de la République, ci-devant Carrière, n.º 21.

www.ingramcontent.com/pod-product-compliance
Lightning Source LLC
LaVergne TN
LVHW020557060726
842525LV00004B/1485